Le séparatisme islamiste

Du même auteur

Chroniques de l'ancien monde, Éditions de l'Observatoire, 2017.

Gérald Darmanin

Le séparatisme islamiste
Manifeste pour la laïcité

ISBN : 979-10-329-2016-9
Dépôt légal : 2021, février
© Éditions de l'Observatoire/Humensis, 2021
170 *bis*, boulevard du Montparnasse, 75014 Paris

INTRODUCTION

> « La loi que nous aurons faite ainsi sera une loi de bon sens et d'équité, combinant justement le droit des personnes et l'intérêt des Églises, avec les intérêts et les droits de l'État, que nous ne pouvions pas méconnaître sans manquer à notre devoir. »
>
> Aristide Briand,
> discours du 3 juillet 1905,
> devant la Chambre.

Depuis le milieu des années 1970, les crises se succèdent. Crises économiques et sociales, crise démocratique, crise territoriale, crise identitaire, crise terroriste et, désormais, crise sanitaire. Vivre dans un état de crise permanent angoisse la société, brouille les repères, empêche d'imaginer un avenir commun. En parallèle, nos

Le séparatisme islamiste

institutions – l'école, notre système politique, notre protection sociale – sont attaquées et notre capacité à intégrer est remise en cause. En un mot, la République peut vaciller sous les coups de boutoir d'ennemis ayant repris du poil de la bête (immonde) et sous l'effet de l'usure du temps. « Dieu ! Mais que Marianne était jolie », chantait Michel Delpech. Depuis, elle semble avoir pris un sacré coup de vieux.

Car, malheureusement, la République ne semble plus être en mesure de tenir sa promesse, celle d'être assurée de voir ses enfants vivre mieux que soi-même, dans le concert d'un pays favorisant le progrès matériel, la liberté politique et l'égalité entre les citoyens. Ce que l'on appelle identité, patrie ou Nation, ce lien indéfectible s'amenuise. La République perd sa transcendance ; son histoire ne fait plus vibrer. Sous le coup de la mondialisation et de l'éclatement d'une société devenue archipel[1], elle semble plier bagage en catimini...

---

1. Jérôme Fourquet, *L'Archipel français. Naissance d'une nation multiple et divisée*, Le Seuil, 2019.

Introduction

Hier encore, la République remplissait son office en prenant en charge l'ensemble de la vie sociale. Désormais, le vide qu'elle laisse derrière elle paraît béant. Les femmes et les hommes ont besoin de transcendance, d'espoir, d'explication. Les femmes et les hommes ont besoin de la chaleur de la communauté qui console de la froideur de l'individualisme. Et ils cherchent ontologiquement à se réchauffer, poussés par la quête de sens.

Et ce qui semblait définitivement disparu en France, l'idée d'une supposée loi de Dieu s'imposant à la loi des hommes, est reparu. Reparu à force d'illusions, naïfs que nous avons été. Reparu à force d'autoflagellation, « hommes de peu de foi » que nous sommes, incapables de croire en nous-mêmes, en notre histoire et en notre entendement. Reparu, enfin, car l'islamisme a pris méthodiquement le contrôle de tous les aspects de la vie sociale. Il attire à lui de nombreux individus cherchant une explication à un monde devenu infiniment complexe et où les injustices persistent. L'islamisme, ce fait social total, joue de notre angélisme, de nos doutes et de notre

Le séparatisme islamiste

cécité. Il a opéré une véritable OPA sur l'islam, encore en adaptation à l'Occident. Cette religion, confrontée à ses propres difficultés, notamment à « la sclérose de la théologie islamique[1] » et à la division profonde de ses représentants, utilisée par des États en guise de *soft power*, s'est fait vampiriser par un démon se fichant comme d'une guigne du culte, de la foi et, *in fine*, des musulmans eux-mêmes.

L'islamisme, l'idéologie la plus puissante à l'œuvre dans le monde contemporain, a privé l'islam de parole, donnant des semblants de certitudes à ceux qui doutent en plein chaos, manipulant la religion, pour s'insinuer pleinement dans la société française, pour la combattre et finalement s'en séparer.

Voici comment des millions de musulmans se trouvent pris en otage par les militants politiques islamistes. Voici comment une société se réveille

---

1. Malik Bezouh, « Plus que l'islamisme, c'est la sclérose de la théologie islamique qui est à l'origine du mal profond », *Le Monde*, 8 novembre 2020. Voir aussi Mohamed Charfi, *Islam et Liberté. Le malentendu historique*, Albin Michel, 1999 : « L'esprit d'imitation qui l'emporte sur l'esprit de réflexion. »

Introduction

attaquée par un ennemi pervers qui stigmatise, insulte, calomnie quiconque combat ce serpent venimeux. Voici comment notre modèle républicain, laïc et social se découvre sournoisement miné, laissant les pouvoirs publics mettre tardivement à jour ce que le peuple ressent depuis un certain temps.

Devant les dangers imminents qui nous guettent et, désormais, nous assaillent, le président de la République a eu raison de sonner courageusement le tocsin de la mobilisation générale. L'essentiel de celle-ci est contenu dans le discours des Mureaux[1], où le chef de l'État a dessiné, avec clarté, le portrait de l'ennemi. Il en a décrit la figure, les armes, les réussites. Il l'a fait sans céder à la démagogie consistant à tout confondre, croyants et fanatiques, religion et idéologie. Dans ce monde médiatique où le reflexe l'emporte sur la réflexion, l'opinion sur le savoir, le constat présidentiel ne manquait pas de prise de risque.

---

1. https://www.elysee.fr/emmanuel-macron/2020/10/02/la-republique-en-actes-discours-du-president-de-la-republique-sur-le-theme-de-la-lutte-contre-les-separatismes.

Le séparatisme islamiste

En prononçant ce discours, en évoquant les solutions possibles, en annonçant le projet de loi que votre serviteur a l'honneur de porter devant les représentants de la Nation, le président a aussi inscrit sa parole dans la cohérence de ses positions politiques précédentes : celles qui célèbrent et encouragent la République comme puissante force d'intégration et de promotion des citoyens[1], autant que celles qui soulignent l'importance de respecter le croyant et les cultes au sein de notre société[2].

Le présent manifeste s'inscrit dans le constat et les solutions esquissés par Emmanuel Macron. Il espère éclairer le lecteur sur la situation d'urgence que notre pays connaît. Il n'a pas d'autre ambition que celle, comme d'autres avant lui, d'aider à cerner notre ennemi : l'islamisme. Il est d'autant plus nécessaire de le montrer sous son véritable jour qu'il a conceptualisé la *taqiyya*,

1. https://www.elysee.fr/emmanuel-macron/2020/09/04/150-ans-en-republique.
2. https://www.elysee.fr/emmanuel-macron/2018/04/09/discours-du-president-de-la-republique-emmanuel-macron-a-la-conference-des-eveques-de-france-au-college-des-bernardins.

Introduction

c'est-à-dire la « dissimulation[1] ». Il convient de dévoiler et de « faire tomber Satan comme l'éclair[2] », pour reprendre le philosophe René Girard, s'il est ici permis de filer la métaphore religieuse. Oui, voir dans les actions islamistes des pensées, voir dans son idéologie une construction, voir dans sa stratégie une planification, c'est rompre avec la naïveté. L'islamisme s'introduit dans la société, occupant tous les pans des activités humaines, pour séparer, littéralement, de la communauté nationale des femmes et des hommes souhaitant vivre désormais intégralement selon des normes particulières, réclamant qu'on les respecte et revendiquant que celles-ci

---

1. « Ne jamais rien reconnaître et ne pas dire la vérité. Ce sera désormais leur méthode. La dissimulation et l'entrisme, un peu selon le modèle trotskiste, permettront aux Frères, durant plusieurs années, de passer en dessous des radars, et ainsi de diffuser leur pensée en toute quiétude. Le mensonge leur permet, autant que faire se peut, d'éviter la confrontation directe, lorsqu'ils ne sont pas en mesure de l'assumer, de passer pour des militants "sérieux, modernes et respectables". » Mohamed Sifaoui, *Taqiyya ! Comment les Frères musulmans veulent infiltrer la France*, Éditions de l'Observatoire, 2019.
2. René Girard, *Je vois Satan tomber comme l'éclair*, Grasset, 1999.

Le séparatisme islamiste

s'imposent aux règles édictées par nos institutions. L'État, trop longtemps concentré contre la radicalisation qui mène au terrorisme, a tardé à voir l'islamisme, menant au séparatisme, comme un danger imminent. Le changement profond de notre politique tient dans la dénonciation claire, le suivi rigoureux et les moyens d'entrave imposés désormais non seulement à la *radicalisation* mais aussi au *séparatisme*. Nous soutenons qu'il n'y a pas une différence de *nature* entre le terrorisme et l'islamisme, mais une différence de *degré*, de moins en moins importante au demeurant, comme l'a cruellement illustré la mort atroce de Samuel Paty. Toute action violente se développe dans cette matrice : l'islamisme est le terreau du terrorisme. Il existe un continuum, soit que certaines doctrines aient clairement défini le jihadisme, soit qu'elles en créent l'écosystème[1].

Le dessein de ce texte est de démontrer qu'une prise de conscience est aujourd'hui nécessaire,

---

1. Voir à cet égard Karim El Karoui, *Comment devient-on jihadiste ?*, rapport de l'Institut Montaigne, septembre 2020.

Introduction

vitale même. Elle est de salut public. Puisse cet argumentaire venir exposer au lecteur les raisons profondes qui nous ont conduits au texte de loi confortant le respect des principes de la République.

Mais la dénonciation – sans concession – de l'islamisme ne doit pas nous amener à caricaturer l'islam, désormais deuxième religion de notre pays. Pratiquée par des millions de personnes sur notre sol, présente depuis longtemps dans notre imaginaire national, la religion musulmane n'est aucunement une découverte ni une surprise pour la France. Elle est même une (très) veille connaissance. Certes, cette vieille connaissance rencontre, comme toute religion, des difficultés et des questionnements qui dépassent le cadre national. Elle souffre aussi de problèmes d'organisation qui tiennent à la fois à sa récente présence sur le sol européen et aux dissensions internes qui traversent le monde musulman. Il n'y a cependant aucune raison de penser qu'une fois ces questions résolues, l'islam ne trouvera pas pleinement sa place dans la République laïque. Comme *toutes* les autres religions. Le

Le séparatisme islamiste

« temps long » l'a toujours démontré : Dieu et César trouvent toujours les moyens de s'entendre et de distinguer ce qui revient à chacun d'entre eux.

Nous l'espérons : le lecteur pourra s'approprier ici les moyens de comprendre les défis qui s'imposent aujourd'hui à la religion du Prophète. En toute logique, il en conclura que si les musulmans eux-mêmes doivent trouver les voies et les moyens de faire évoluer leur organisation, l'État est légitime à imposer – sans jamais se mêler de théologie – la force de l'ordre public pour faire cesser les pratiques non conformes à l'esprit de la loi de 1905. Les Français de confession musulmane, souvent dubitatifs et parfois blessés devant les discours publics, peuvent percevoir un rejet de leur pays pour leurs croyances. Gageons qu'ils voient dans les mots qui suivent la preuve que notre pays a demandé, parfois avec violence, à chaque religion de s'adapter à la spécificité française et d'adopter pleinement les principes républicains. Ils constaterons que rien n'est fait *ad hominem* et que l'histoire de la France, sans se répéter,

Introduction

est équitable dans les exigences qu'elle professe envers ses enfants, comme le sacralise la loi de séparation des Églises et de l'État.

C'est cette loi de 1905, et plus généralement le principe de laïcité, qu'il s'agit de faire respecter, de renforcer et de remettre à l'ordre du jour du réveil républicain. Quelques éléments de cet opuscule permettront d'éclairer son histoire, son élaboration et sa difficile mise en œuvre. Définir ce qu'est ou ce que n'est pas la laïcité française permet sans doute de mettre fin à un certain nombre de confusions, de définitions personnelles et parfois de véritables contresens. Une fois cela établi, le texte reviendra sur les normes nouvelles contenues dans le projet de loi, qui réarment les pouvoirs publics afin de conforter notre laïcité et de lutter contre les séparatismes, et singulièrement contre le premier et le plus dangereux d'entre eux : l'islamisme.

Il convient, pour être complet, de noter l'inscription de la laïcité française dans un long travail historique de séparation du pouvoir religieux et du pouvoir politique, histoire concomitante avec la construction d'un État fort qui, au cœur de notre roman national, a façonné notre pays. C'était aussi, et dans la volonté clairement affichée de garantir la paix civile et la liberté de tous, en consacrant la liberté religieuse, que la martingale de la laïcité s'est frayé un chemin dans le ciel des idées. C'est sur ce dernier point, essayant de remettre de la perspective historique en toute chose, que débute ce petit essai, qui n'a d'autre prétention que de contribuer au débat public. Nul doute que les Français s'intéressent à ces sujets importants, pour l'avenir de la France et de sa paix intérieure.

Chapitre 1

LE LONG ET CONTINU COMBAT DE L'ÉTAT POUR IMPOSER LE GALLICANISME

Très tôt notre pays a pensé la séparation du religieux et du politique. Ce fait donne à notre État, dont la structure se confond en France avec la Nation, un destin singulier et sa vocation universelle. La laïcité étant une liberté toute française, on aimerait se dire que le général de Gaulle pensait notamment à cette belle liberté lorsqu'il évoquait le pacte vingt fois séculaire entre la grandeur de la France et la liberté du monde[1].

---

1. Discours du général de Gaulle prononcé à Londres, le 1er mars 1941.

Le séparatisme islamiste

Durant tout le premier millénaire, dès que l'empereur Constantin s'est converti au christianisme, deux pouvoirs se sont affrontés : celui du pape et celui de l'empereur. Qui donc devait gouverner au nom de Dieu ? L'histoire de l'Église garde la marque de ces heurts, parfois violents. En témoigne, au XIe siècle, la lutte entre le pape Grégoire VII et l'empereur Henri IV, autour des investitures des clercs. Celle-ci s'achève par l'humiliation du pouvoir temporel, avec le fameux épisode du pardon de Canossa, en 1077, dont le langage populaire a gardé le souvenir.

Mais c'est avec le royaume de France que tout change de visage : distinguant progressivement ce qui relève de la gouvernance de la religion et ce qui relève de la chose publique, la construction de l'État moderne s'établit avec l'indépendance de la justice royale sous le règne de Saint Louis, puis avec l'organisation d'une véritable administration, décidée par Philippe IV le Bel. Dès lors, au début du XIVe siècle, le combat entre les responsables politiques et l'Église éclate au grand jour. Rome souhaite garder sous sa main sa fille aînée, la France. Mais ce rejeton bien turbulent

Le long et continu combat de l'État...

en décide autrement : un conflit, notamment à propos de questions fiscales, conduit à la première convocation de ce qui allait devenir les états généraux. Ceux-ci aboutissent à ce que tout le pays soutienne son roi contre le Saint-Père. Il en résulte un partage clair : le pouvoir de s'occuper des affaires publiques relève bel et bien de l'État, et non de Rome : « Boniface VIII s'était mêlé des choses qui ne le regardaient pas [...]. Pour mieux marquer qu'il avait la France derrière lui, le roi convoqua des états généraux [...], tous approuvèrent la résistance de Philippe le Bel au pape. Le roi de France ne se reconnaissait point de supérieur sur la Terre[1]. »

La France, certes gouvernée par un roi de droit divin, prenait ses distances fermement avec le pouvoir religieux. Cette distance vis-à-vis du pape, et donc vis-à-vis de tout pouvoir spirituel, est bien propre à la France et a fait naître peu à peu le gallicanisme, c'est-à-dire la prééminence du pouvoir politique sur les prétentions papales.

---

1. Jacques Bainville, *Histoire de France*, Tallandier, coll. « Texto », 2007.

Le séparatisme islamiste

Même l'Église de France a gardé la marque de cette autonomie.

Ce combat pour la séparation entre le pouvoir religieux et le pouvoir politique, entre le spirituel et le temporel, n'allait pas de soi. Mais l'affirmation, sans cesse répétée par les pouvoirs centraux, de la primauté du politique et, en conséquence, de l'identification claire de ce qui tient au religieux contribuera à la construction d'un État fort, non soumis aux tutelles étrangères. Elle annoncera, après le travail philosophique des Lumières, le moment où le « sujet » deviendra « citoyen ». Toutes ces évolutions imposées à l'Église, dans un pays où la Raison prend une place prépondérante, ont permis l'affirmation des idéaux de la Révolution dont celui, primordial, que le pouvoir n'est pas issu d'une transcendance, mais d'un contrat social librement consenti.

Les suites des guerres de religion, plus précisément de la guerre civile entre catholiques et protestants au XVIe siècle, auront pour conséquence, grâce au « charisme » et au sens de l'État d'un monarque aussi pragmatique que visionnaire, Henri IV, de « faire entrer les

Le long et continu combat de l'État...

convictions religieuses dans la sphère privée et [de permettre] au pays d'accomplir un pas décisif vers une autre conception de la société[1] ». Les compromis trouvés à l'époque par les légistes royaux sont d'une extraordinaire modernité.

Avec la Révolution, sont consacrés la liberté de conscience et le respect de toutes les opinions, « même » religieuses, comme l'évoque l'article 10 de la *Déclaration des droits de l'homme et du citoyen*. « Prier ou ne pas prier, participer, ou non, à une procession, c'était, dès 1789, l'expression d'une opinion, comme le dit drôlement l'article 10, et elle devait bénéficier d'un régime de liberté[2]. » L'État ne distingue plus les citoyens selon leurs croyances, et les révolutionnaires consacreront même l'émancipation des Juifs dont le député Stanislas de Clermont-Tonnerre dira qu'on leur doit tout comme citoyens, mais rien comme Nation, refusant ainsi l'esprit communautariste dès la fin du XVIIIe siècle. Grand œuvre de

---

1. Jacques Marseille, *Du bon usage de la guerre civile en France*, Perrin, 2006.
2. Guy Carcassonne, *La Constitution introduite et commentée*, Le Seuil, 2007.

Le séparatisme islamiste

l'abbé Grégoire, prêtre et homme des Lumières, ce geste bouleverse la religion juive autant qu'il place la France à l'avant-garde de la liberté.

Témoin du combat, sans cesse recommencé, contre les influences religieuses dans le temporel, la Révolution commet des excès, en imposant la Constitution civile du clergé. Cette volonté de faire « jurer » les prêtres en leur demandant formellement loyauté envers la Révolution et en distinguant ainsi les bons et les mauvais ministres du culte accélère le combat d'une partie des catholiques contre les révolutionnaires et plonge le pays dans la guerre civile. Il faudra attendre l'apaisement du Concordat et l'abandon des idées ayant poussé à la Constitution civile du clergé pour retrouver le calme de la coexistence entre le religieux et le temporel devenu République, puis Empire.

Au moment où certains poussent l'État à « sélectionner » les imams, et à faire, à la place des musulmans eux-mêmes, la distinction entre qui peut ou ne peut pas être ministre du culte, cet épisode de la Constitution civile du clergé nous éclaire à plus d'un titre. D'abord, elle montre que la question de l'ingérence de l'État dans la religion

Le long et continu combat de l'État...

n'est pas nouvelle ; elle remonte, en France, à plus de deux cents ans. Ensuite, elle souligne l'inefficacité de cette ingérence, les croyants se méfiant de ces prêtres « labellisés » par l'État, et elle réveille au contraire chez les responsables religieux et les pratiquants des sentiments malsains vis-à-vis du pouvoir. Enfin, elle vient complètement battre en brèche le principe de la séparation entre les Églises et l'État : si celui-ci est le plus souvent entendu comme la limite qu'impose le pouvoir pour que le spirituel ne vienne pas gérer les affaires temporelles des hommes, il est aussi une limite pour que le pouvoir politique ne se mêle pas, en dehors des motifs d'ordre public, des affaires religieuses. Loin de régler la question religieuse en France, ce sont la confusion et la violence qui naissent de la domination du pouvoir dans le choix de la « bonne » Église pour l'État.

L'arrivée de Bonaparte fera prendre un tour décisif à la nouvelle définition des rapports entre les religions et l'État. Obnubilé par la paix civile à l'intérieur du territoire français, souhaitant que tous les citoyens respectent scrupuleusement le Code civil – sa grande œuvre –, il entreprit de

Le séparatisme islamiste

normaliser les rapports avec les catholiques, puis avec les Juifs. Dans son *Dictionnaire historique* sur Napoléon, l'historien Thierry Lentz note d'ailleurs, en introduction de son article « Concordat », l'idée que « dès les premières semaines suivant Brumaire, le gouvernement consulaire adoucit la politique antireligieuse qui avait été [...] un des principaux facteurs de la division de la population française[1] ». Le Concordat a permis au Premier consul, tout en conservant un œil sur la nomination des évêques et l'agrément des prêtres (devant prêter serment en échange du fait d'être financés par l'État), d'aboutir à la paix avec Rome en reconnaissant le catholicisme comme religion majoritaire en France, mais pas comme religion d'État. Malgré les heurts violents justifiant un « bougé » politique, il convient de remarquer que déjà les chambres parlementaires remuèrent fortement devant un tel projet de redéfinition des relations entre le religieux et le temporel, posant mille questions et émettant force doutes.

---

1. Thierry Lentz, « Concordat », *Napoléon. Dictionnaire historique*, Perrin, 2020.

Le long et continu combat de l'État...

Une fois clarifié le rapport avec les responsables catholiques, Napoléon, imposant cependant sans concertation des articles organiques supplémentaires au Concordat afin de limiter encore un peu plus le pouvoir de l'Église, s'intéressa à régler les difficultés touchant à la présence de dizaines de milliers de Juifs en France. Certains d'entre eux pratiquaient l'usure et faisaient naître troubles et réclamations. Revenant d'Alsace, où il fut fort mal accueilli à cause précisément de la place des Juifs au sein de la communauté nationale, Napoléon choisit de réunir une assemblée de notables israélites, tous désignés par les représentants de l'État dans le territoire, pour répondre à une série de questions censées résumer les problèmes d'intégration des Juifs à la Nation française. « Notre but est de concilier la croyance des Juifs avec les devoirs des Français, et de les rendre citoyens utiles, étant résolu de porter remède au mal auquel beaucoup d'entre eux se livrent au détriment de nos sujets », écrit Napoléon à son ministre de l'Intérieur, Champagny, dans une lettre du 22 juillet 1806. Une lutte pour l'intégration avant l'heure.

Le séparatisme islamiste

À cette fin, l'empereur fit convoquer le Grand Sanhédrin, conseil composé de rabbins et de laïcs juifs, sur le modèle de la réunion qui faisait autorité dans le judaïsme sous l'Antiquité... et qui ne s'était pas réunie depuis lors. Il appartint donc à cette assemblée de notables juifs de répondre et de valider, au nom des Juifs de France, les réponses aux douze questions suivantes à la suite de l'assemblée des notables israélites :

1. Est-il licite aux Juifs d'épouser plusieurs femmes ?

2. Le divorce est-il permis par la religion juive ? Le divorce est-il valable sans qu'il soit prononcé par les tribunaux et en vertu de lois contradictoires à celles du Code français ?

3. Une Juive peut-elle se marier avec un chrétien, et une chrétienne avec un Juif ? Ou la loi veut-elle que les Juifs ne se marient qu'entre eux ?

4. Aux yeux des Juifs, les Français sont-ils leurs frères, ou sont-ils des étrangers ?

5. Dans l'un et l'autre cas, quels sont les rapports que leur loi leur prescrit avec les Français qui ne sont pas de leur religion ?

Le long et continu combat de l'État...

6. Les Juifs nés en France et traités par la loi comme citoyens français regardent-ils la France comme leur patrie ? Ont-ils l'obligation de la défendre ? Sont-ils obligés d'obéir aux lois et de suivre toutes les dispositions du Code civil ?

7. Qui nomme les rabbins ?

8. Quelle juridiction de police exercent les rabbins parmi les Juifs ? Quelle police judiciaire exercent-ils parmi eux ?

9. Ces formes d'élection, cette juridiction de police et judiciaire sont-elles voulues par leurs lois, ou seulement consacrées par l'usage ?

10. Est-il des professions que la loi des Juifs leur défende ?

11. La loi des Juifs leur défend-elle de faire l'usure à leurs frères ?

12. Leur défend-elle ou leur permet-elle de faire l'usure aux étrangers ?

Il faudra trois ans entre la première convocation de cette assemblée des notables juifs et les décrets napoléoniens créant le Consistoire, modèle original garantissant la pratique du culte juif en France, pour reprendre et valider

Le séparatisme islamiste

les réponses à ces questions. Tout en obligeant les ministres du culte à les respecter, car validées par le Grand Sanhédrin, et malgré quelques autres mesures bien difficiles à supporter pour les Juifs, ceux-ci obtempérèrent. Cette action résolue de l'État permit, sans aucun doute, de pacifier les relations dans la population et intégrèrent définitivement, comme citoyens, les Juifs de France. Ils obtenaient, sous la protection de l'État, une totale liberté de culte et de conscience.

Le XIXe siècle se déroulera, pour la France, sous les auspices du Concordat. Avec l'arrivée de la République en 1870, des voix s'élevèrent, de plus en plus nombreuses, pour exiger la laïcisation de l'État. Pour le rendre neutre, et avec lui les services publics, il fallait dénoncer le Concordat et imposer la séparation des Églises et de l'État. Après de houleux débats et de violentes actions, comme l'expulsion des congrégations et la nationalisation des biens de l'Église, la France mit fin, avant la Première Guerre mondiale, à l'accord napoléonien et posa les fondations définitives de la laïcité française.

Chapitre 2

LA LAÏCITÉ : UN PRINCIPE ÉMINEMMENT FRANÇAIS

Après le long travail de séparation du religieux et du pouvoir politique, la France était prédisposée à accueillir le grand principe de laïcité, c'est-à-dire, selon le *Larousse*, « l'exclusion des Églises de l'exercice de tout pouvoir politique ou administratif ».

En France, cette laïcité repose sur trois pierres angulaires : le principe de neutralité, la liberté de conscience et donc la liberté de pratiquer son culte, et le respect du pluralisme religieux.

Dans un système laïc, les convictions religieuses sont plus que tolérées : elles sont respectées et c'est du principe même de laïcité que découle la protection de toutes les croyances, de tous les cultes, tant que leurs pratiques ne viennent pas porter atteinte à l'ordre public. Mais ces convictions religieuses, ces pratiques cultuelles sont « transcendées » par la citoyenneté pour faire Nation au-delà des appartenances particulières de chacun, selon le mot de la sociologue Dominique Schnapper[1]. En ce sens d'ailleurs, c'est au moment où la France se fait régulièrement attaquer par certains médias américains que notre différence profonde avec le modèle anglo-saxon se révèle. Chez nous, l'État libère, il n'est pas vu comme un oppresseur. Chez nous, la République porte une certaine idée du bien commun et ne se réduit pas à un libéralisme procédural. Chez nous, tout ne part pas d'un relativisme absolu, mais d'une hiérarchie de valeurs : ainsi que le note Régis Debray, « la République est la démocratie plus. Plus précieuse et plus précaire. Plus ingrate, plus gratifiante.

---

1. Voir à cet égard Dominique Schnapper, *De la démocratie en France*, Odile Jacob, 2017.

La laïcité : un principe éminemment français

La République, c'est la liberté, plus la raison. L'État de droit, plus la justice. La tolérance, plus la volonté. La démocratie, dirons-nous, c'est ce qui reste d'une République quand on éteint les Lumières[1] ». Ces Lumières s'incarnent dans la notion de citoyenneté, qui permet à chacun de dépasser ses intérêts particuliers, et à la communauté nationale d'intégrer tous ses enfants, sans distinction, « même » de religion.

C'est pourquoi la notion de laïcité impliquant la neutralité de l'État, la relative discrétion des expressions religieuses, la garantie du pluralisme et l'absence de toute distinction entre les individus, quelles que soient leurs croyances, est

---

1. Régis Debray, « République ou Démocratie ? », *Le Nouvel Observateur*, 30 novembre 1995. Voir aussi Thomas Paine, *Le Droits de l'Homme*, Belin, 1987, p. 206 : « Ce qu'on appelle *république* n'est pas une forme particulière de gouvernement, c'est seulement le caractère du but ou de l'objet pour lequel le gouvernement doit être établi, et auquel il doit être employé. [...] Tout gouvernement qui n'agit pas selon le principe d'une *république*, ou, pour parler en d'autres termes, qui ne fait pas de la *chose publique* son seul et unique objet, n'est pas un bon gouvernement. Un gouvernement républicain n'est rien autre chose qu'un gouvernement établi et dirigé pour l'intérêt public, individuellement et collectivement. »

consubstantielle à l'idée de Nation française et de citoyenneté. Se battre pour l'application de la laïcité, c'est se battre pour la Nation. Renforcer la laïcité, c'est renforcer la notion de citoyen.

Par ailleurs, les religions n'ont pas eu à se plaindre de ce modèle : elles s'en sont fort bien accommodées et ont pu se développer sur notre sol de manière exceptionnelle, sous la protection impartiale de l'État bienveillant, qu'il s'agisse des cultes chrétien, juif, bouddhiste et musulman. « Heureux comme Dieu en France » dans une République laïque. Introduisant son ouvrage *Aux sources de l'idée laïque*, l'historienne Rita Hermon-Belot souligne que « la pluralité est d'abord une situation de fait mais encore doit-elle être reconnue comme telle […]. La liberté des cultes, ensemble des conditions légales, juridiques qui permettent l'expression des affiliations religieuses en est une modalité possible[1] ».

Même si Jean Carbonnier fait « justement et judicieusement remarquer qu'elle était (la laïcité)

---

1. Rita Hermon-Belot, *Aux sources de l'idée laïque*, Odile Jacob, 2015.

La laïcité : un principe éminemment français

en réalité bien antérieure (Dieu est absent du Code civil)[1] », notre principe a comme texte fondateur la loi de séparation des Églises et de l'État. Les débats de la fin du XIXe siècle et du tout début du XXe siècle, après passions et violences, se termineront par le choix de la solution « libérale » promue par Aristide Briand en 1905. Désormais, la religion, en France, est un droit individuel, que l'État doit laisser s'exercer, mais dont l'activité ne peut être financée. Aucun culte n'est particulièrement reconnu par les pouvoirs publics. Nul ne peut se prévaloir de sa religion pour obtenir un droit particulier, nul ne peut être discriminé pour le même motif. Aucune religion n'est considérée comme religion d'État ni même celle de la majorité des Français. C'est cette « non-reconnaissance » qui garantit la coexistence de tous les cultes et de toutes les pratiques religieuses.

Le corollaire de cette non-reconnaissance est la neutralité que l'État s'impose à lui-même, à ses agents et à ses actions. Aucun agent de la fonction publique, quel que soit son statut, ne

---

1. Guy Carcassonne, *La Constitution commentée, op. cit.*

Le séparatisme islamiste

peut faire connaître ses opinions politiques ou religieuses sous peine de manquer gravement à son rôle. Aucune politique publique ne doit être mise en place dans la perspective de donner des droits individuels à tel ou tel groupe de croyants en dehors de la règle générale.

Le principe de laïcité est solidement implanté dans notre droit. Outre sa présence dans la *Déclaration des droits et de l'homme et du citoyen*, déjà citée, il figure à l'article Ier de notre Constitution, après avoir été inscrit dans le préambule de celle de la IVe République, elle-même faisant partie de notre bloc de constitutionnalité[1]. Comme la loi du 9 décembre 1905 l'évoque expressément, « la République assure la liberté de conscience. Elle garantit le libre exercice des cultes ». Le droit français consacre dans le même temps la liberté religieuse, fondée sur le pluralisme et le respect des croyances. Les traités européens et internationaux, sans évoquer expressément la laïcité, mettent

---

1. Décision du Conseil constitutionnel DC 71-44 du 16 juillet 1971.

La laïcité : un principe éminemment français

davantage l'accent sur la liberté de religion et de conscience[1].

Par de nombreux arrêts et décisions faisant jurisprudence, le Conseil d'État et le Conseil constitutionnel ont confirmé la lecture et l'application du principe de laïcité en France : la liberté de culte est consacrée même s'il est interdit pour la puissance publique de la subventionner. L'État et ses agents doivent être neutres dans leurs expressions et leurs actions. L'espace public comme les usagers du service public ne sont pas tenus de respecter les mêmes principes de neutralité que les agents dudit service, exception faite des lois interdisant à l'école publique le port de signes ostensibles religieux et de la

---

1. Article 9 de la Convention européenne de sauvegarde des droits de l'homme et des libertés fondamentales du 4 novembre 1950 ; article 17 du Traité sur le fonctionnement de l'Union européenne du 25 mars 1957 ; article 18 du Pacte international relatif aux droits civils et politiques adopté par l'Assemblée générale des Nations unies le 16 décembre 1966 ; article 14 de la Convention de novembre 1989 relative aux droits de l'enfant adoptée par l'Assemblée générale des Nations unies.

loi interdisant la dissimulation du visage dans l'espace public. Il est cependant à noter que cette dernière mesure législative a été prise au nom du principe de la dignité des personnes humaines et de l'égalité entre les sexes[1], et non au nom du principe de laïcité. Il y a là bien davantage qu'une nuance.

La République ne reconnaît aucun culte. Certes. Mais elle ne les ignore pas.

---

1. Communiqué de presse du Conseil des ministres du 19 mai 2010.

Chapitre 3

L'ISLAM, RELIGION NOUVELLE, MAIS VIEILLE CONNAISSANCE FRANÇAISE

L'islam est la dernière religion monothéiste à être apparue. Elle est incarnée par la figure du Prophète Mahomet, marchand puis chef de guerre ayant conquis, converti et rassemblé les peuples dispersés de la péninsule Arabique, en diffusant la parole divine qui lui a été directement transmise, parole « incréée » plus tard retranscrite dans le Coran. À la mort du Prophète, l'islam connaît un double mouvement de propagation et de division : division rapide entre chiisme et sunnisme, et, à l'intérieur de ce courant, entre différentes écoles de

Le séparatisme islamiste

pensée, s'éloignant les unes des autres, au fil des ans.

Les chiites, qui reconnaissent pour seuls successeurs légitimes du Prophète les descendants de son cousin Ali, sont minoritaires. La théologie chiite comporte des différences avec le sunnisme, en particulier une conception éminente de l'imamat. Ils possèdent ainsi un clergé puissant, « trésorier du savoir de Dieu ». Souvent, pouvoir politique et pouvoir religieux sont confondus. La France compte environ 200 000 chiites.

À cette exception près, la singularité du monde musulman, majoritairement sunnite, est l'absence de clergé organisé et la difficulté des fidèles à accéder à des interprétations modernes des textes sacrés, à commencer par le Coran. Même si lors des premiers siècles de l'islam un mouvement de pensée musulmane fondée sur la Raison a émergé, cette difficulté d'interprétation moderne de textes anciens constitue encore aujourd'hui un défi pour les penseurs du fait islamique. Certes, un important courant musulman faisant la part belle à la science et

L'islam, religion nouvelle...

à la philosophie (Avicenne, Averroès...) a pu permettre le développement d'un islam autorisant la recherche théologique et interprétative des textes sacrés, mais la confrontation récente avec l'Occident moderne a engendré une réaction plus rigoriste souhaitant revenir à la stricte tradition de l'islam sunnite, comme par réaction. « On touche là au plus près le problème fondamental, celui de la fermeture théologique (*taqlid*), dramatiquement aggravée par l'émergence du wahhabisme au XVIIIe siècle. Courant hétérodoxe poussant le littéralisme dans ses derniers retranchements, sa diffusion massive par l'Arabie saoudite au XXe siècle produira d'innombrables islamopathes... Si on veut avancer dans le chemin de l'apaisement, il est urgent de comprendre cette complexité et de prendre acte de la crise théologique que vit le monde musulman[1] », évoque l'essayiste Malik Bezouh.

De par ses rites, peu nombreux mais exigeants, l'islam conduit les hommes à respecter scrupuleusement une éthique de vie personnelle, d'autant

---

1. Malik Bezouh, art. cité.

Le séparatisme islamiste

plus importante que Dieu est censé surveiller et noter chacun des faits et gestes de ses fidèles. L'islam confère une importance primordiale à la communauté des croyants, l'*Oumma*, communauté de valeurs inspirée directement par le Coran et par la *Sunna*, la tradition, composée des actes, des paroles et des attitudes explicites du Prophète. Les mots rapportés du Prophète, les *hadiths*, qu'il s'agisse de commentaires ou de paroles de sagesse, constituent un complément indispensable à l'interprétation du Coran.

Respectant culturellement l'autorité, les croyants musulmans se doivent d'observer les lois des pays dans lesquels ils se trouvent. L'islam permet l'adaptation à tous les régimes, dans tous les pays. De cette capacité d'adaptation est né un important mouvement de conversion répondant ainsi à la volonté universelle et donc prosélyte de la religion. De surcroît, se convertir à l'islam est simple : les musulmans sont reconnus comme tels par l'*Oumma* dès qu'ils adhèrent aux cinq piliers de la foi (la profession de foi visant à reconnaître que Dieu est unique et que Mahomet est son Prophète,

L'islam, religion nouvelle...

les cinq prières quotidiennes, le jeûne, l'aumône et le pèlerinage). Dans le culte, l'imam – littéralement « celui qui se place devant » – n'est comparable ni au prêtre, ni au pasteur, ni au rabbin : il guide la prière. Cette simplicité a aussi permis le développement d'un éventail très large de pratiques et de modèles qui régissent la vie des fidèles musulmans.

Au sein du monde musulman sunnite, c'est-à-dire celui attaché à la lettre des textes sacrés, sont nés les mouvements islamistes des Frères musulmans et du salafisme, objets de notre attention. Historiquement, ces mouvements sont nés d'une réaction face à la domination occidentale et au déclin relatif du monde musulman au XVIIIe siècle. Leurs formes contemporaines s'inscrivent dans cette filiation en opposition aux régimes post-coloniaux dans le monde musulman, mais surtout à l'Occident et ses valeurs « décadentes ». Ils sont les têtes de pont du séparatisme dénoncé, nous le verrons bientôt.

D'un point de vue européen, longtemps considéré comme la religion des colonisés, même vu sous l'angle romantique de l'orientalisme, l'islam

Le séparatisme islamiste

est désormais présenté en Occident comme la religion corollaire des vagues d'immigration que l'Europe a connues dans la seconde partie du XXe siècle.

Pourtant, pour l'Europe comme pour la France, la religion musulmane n'est pas nouvelle : invasion et civilisation musulmanes dans la péninsule Ibérique et dans le Sud de la France, croisades, échanges commerciaux dans notre mer commune[1], relations diplomatiques continues avec la Sublime Porte, religion majoritaire des territoires où les théâtres d'opérations font partie de notre histoire, comme Bonaparte en Égypte, ou entreprises coloniales, notre monde a depuis longtemps rencontré l'islam. Il en est résulté un intérêt pour cette religion et cette culture qui a donné naissance à des écoles académiques de haute tenue, représentées par de grands connaisseurs de ces mondes : Louis Massignon, Jacques Berque...

Dès l'occupation du Maghreb, la France a appris à vivre avec le monde musulman. Notre

---

1. Fernand Braudel, *La Méditerranée. L'espace et l'histoire*, Flammarion, coll. « Champs », 1985.

L'islam, religion nouvelle...

pays a poussé l'organisation administrative et politique à s'adapter aux structures locales et religieuses, permettant notamment la liberté de culte à tous les croyants. Même s'ils étaient loin d'être pleinement citoyens, des musulmans avaient déjà pris part à des combats au sein des forces françaises au XIXe siècle et, à la suite des dizaines de milliers de soldats morts pour la France lors du premier conflit mondial, décision fut prise de mettre à l'honneur la religion du Prophète en plein Paris, en finançant, malgré la loi de séparation des Églises et de l'État, la construction de la Grande Mosquée sur un budget voté par le Parlement français en 1920. « La fraternité d'armes née des conflits du XXe siècle a profondément ancré l'islam dans la République, dans la défense de sa souveraineté et de sa liberté », constatera le président de la République François Hollande en inaugurant, en février 2014, le Mémorial du soldat musulman.

Cette fraternité d'armes s'est même accentuée avec le second conflit mondial. Soldats musulmans envoyés au combat sur le sol métropolitain en 1940 et 1944, combats pour la France libre et pour les Alliés sur le sol africain aidés par les engagés locaux, les faits de gloire que l'on doit aux soldats qui priaient Allah sont légion. À la Libération, de Gaulle fit compagnons de la Libération une dizaine de tirailleurs, ainsi que le roi du Maroc. Le film *Indigènes* de Rachid Bouchareb, sorti en 2006, a rappelé à la mémoire nationale tout ce que nous devions au courage de ces soldats musulmans morts pour la France.

Durant la guerre d'Algérie, enfin, la « fraternité d'armes » a viré au passionnel et au dramatique : des dizaines de milliers de musulmans d'Algérie se battent au sein de l'armée française en risquant tortures et représailles barbares. Une partie d'entre eux choisissent définitivement la France lors des accords d'Évian, pour être finalement bien peu à réussir à venir sur le sol métropolitain. La tache de sang est indélébile sur le drapeau français d'avoir abandonné ces soldats courageux et patriotes. Elle souligne l'injure à voir une quelconque incompatibilité entre l'islam et la France. Oublier le sacrifice ultime consenti par ces musulmans pratiquants,

L'islam, religion nouvelle...

vibrant au son de *La Marseillaise* et amoureux de la France ; imaginer une incompatibilité de principes entre leur foi et les valeurs républicaines, c'est une nouvelle mort pour ces Français de sang versé, si mal accueillis sur notre sol. Dans la bouche de ces familles courageuses de harkis et de leurs enfants, il y a le goût amer de la tristesse et du doute, comme le montre admirablement le roman d'Alice Zeniter, *L'Art de perdre*[1].

Il est commun de dire qu'aujourd'hui l'islam représente la deuxième religion de France. Comptabiliser le nombre de musulmans reste cependant difficile, en l'absence de statistiques religieuses. Au sens le plus large (les « musulmans sociologiques »), les estimations fréquemment citées oscillent entre 3,3 (Hervé Le Bras) et 5,1 (Pew Research Center) millions de personnes qui seraient de confession musulmane. Un million d'entre elles pratiqueraient de manière régulière, dans environ 2 600 lieux de cultes et de prières. L'islam est donc une religion adoptée

---

1. Alice Zeniter, *L'Art de perdre*, Flammarion, 2017.

Le séparatisme islamiste

par un nombre croissant de Français, issus de la deuxième, troisième ou quatrième génération d'immigrés, mais aussi désormais par un nombre de plus en plus important de convertis, estimés à plus de 100 000. L'apparition d'une classe moyenne, voire d'une « beurgeoisie », ne permet plus de caricaturer l'islam en religion du prolétariat.

L'islam a tout pour se plaire en France : vivacité de la pratique religieuse, connaissance de la société française riche de l'histoire évoquée, conditions offertes pour bien accueillir les musulmans dans leurs pratiques (lieux de culte grâce aux baux emphytéotiques, laïcité garantissant liberté de conscience et de culte, possibilité d'écoles musulmanes sous contrat...), souplesse du peuple français capable d'accepter à la fois un nombre important d'immigrés, de naturalisations et de mariages mixtes... Mais l'islam reste traversé par des problèmes structurels qu'il n'a pas encore dépassés.

Le premier d'entre eux est celui de l'omniprésence des États étrangers dans le fonctionnement de l'islam français. L'influence des pays

L'islam, religion nouvelle...

du Maghreb et de la Turquie y est prépondérante. Elle se matérialise par le détachement de ministres du culte, par le financement de lieux de culte dans notre pays et s'incarne jusque dans la composition du Conseil français du culte musulman ; elle fait naître le doute dans l'opinion publique française sur la capacité de l'islam de France à s'émanciper des autorités consulaires qui, au mieux, cherchent à maintenir un contrôle sur leurs diasporas et, au pire, exercent un contrôle particulièrement intrusif.

Le deuxième problème réside dans la difficulté des responsables religieux musulmans à sélectionner, former et sanctionner – le cas échéant – leurs cadres, ministres du culte notamment, pouvant répondre aux canons que l'on doit attendre d'une grande religion écoutée et observée. L'absence de clergé comme de parcours théologiques modernes et bien identifiés constitue un handicap dans l'appréhension, par l'islam, de la société française.

Le troisième défi est l'absence d'unité, d'organisation et de financement du culte indépendant de l'étranger. Elle mine les relations avec les pouvoirs publics locaux et nationaux, comme elle sape la légitimité et la représentativité des cadres religieux censés parler au nom des croyants. L'islam de France, fragmenté par les querelles internes et les compétitions interétatiques, ne parvient pas à dégager un collectif capable d'agir en toute indépendance dans l'intérêt des fidèles.

Enfin, le quatrième enjeu, sans doute le plus important, réside dans le fait que les musulmans français voient, à l'instar d'une grande majorité des musulmans du monde, la minorité agissante et efficace des fondamentalistes réussir à capter le quasi-monopole de l'expression musulmane. Cette confiscation de la parole par les acteurs intégristes conduit ainsi à une polarisation des débats sur des sujets clivants.

Les musulmans, et la société avec eux, sont pris en otage par des idéologues se parant des habits de la religion pour mieux pousser une vulgate désireuse d'imposer ses normes à la société. Il est grand temps d'ouvrir les yeux.

Chapitre 4

L'ISLAMISME N'EST PAS L'ISLAM

L'islamisme recouvre plusieurs courants de pensée qui, tous, refusent de distinguer l'islam comme religion, l'islam comme culture et l'islam comme idéologie, et qui prétendent imposer à la société des hommes des normes religieuses dans tous les champs de la société. Il est fondamentalement réactionnaire et invite les croyants d'aujourd'hui à islamiser l'ensemble de leurs modes de vie. L'interprétation religieuse de tout événement ou activité sociale est la règle, la religion ne s'arrêtant pas au culte ni à l'épanouissement spirituel. Il appartient à chacun de respecter les recommandations islamiques, entre ce qui est *haram*, interdit, et *halal*, autorisé, et qui dépasse bien largement la façon dont on peut ou pas consommer de la viande...

Par cette distinction entre le licite et l'illicite, l'autorisé et l'interdit, la « religion totale » qu'est l'islamisme impose des comportements et délimite dans chaque action de la vie d'une femme et d'un homme ses réactions face aux événements. Ce règlement de la vie humaine selon des préceptes religieux envisage toutes les possibilités, y compris les plus incongrues, comme cette question de savoir si l'utilisation ou non du gel hydroalcoolique pendant la pandémie de coronavirus était permise. Le ministère des Affaires religieuses de Malaisie, où règnent les islamistes, a fini par conclure à la licéité d'une telle pratique après une longue démonstration, précisant que s'il n'enivre pas, l'alcool n'est pas interdit[1].

La consultation de sites internet ou de recueils d'avis permet d'accéder de manière simple aux réponses (et aux questions) que peuvent chercher les musulmans souhaitant avoir une

1. https://www.muftiwp.gov.my/en/artikel/al-kafi-li-al-fatawi/4307-al-kafi-1652-penggunaan-hand-sanitizer-ketika-melakukan-solat.

L'islamisme n'est pas l'islam

conduite religieuse conforme aux prescriptions islamiques. On trouve une réponse à tout : autorisation de la consommation de foie gras, tenues vestimentaires, et même usage de la bicyclette pour les filles[1]. Cette « doctrine » est vampirisée, de façon quasi monopolistique, par les influenceurs islamistes qui véhiculent leurs visions de la société, agrégeant antimodernisme, misogynie, homophobie, et suprémacisme musulman. Le site d'obédience salafiste islamweb.net[2] détaille, par exemple, le fait que la masturbation est un crime au même titre que la fornication. Il répond aussi à la question « Peut-on obliger sa femme à avoir des relations intimes ? » par le fait que si l'épouse ne « couche » plus avec l'homme qui pose la question sur ce forum, alors « il s'agit d'un acte de désobéissance conjugale pour lequel une lourde menace pèse sur elle de la part d'Allah ».

---

[1]. Conseil européen pour la fatwa et la recherche, *Recueil de fatwas*, Série n° 1, Tawhid, 2002, p. 176-177.
[2]. D'après *Libération*, rubrique Checknews.fr, 14 novembre 2017. Le site islamweb.net est lié au Qatar, et plus précisément au ministère qatari des Biens religieux et des Affaires islamiques.

Le séparatisme islamiste

Aujourd'hui, les doctrines islamistes sont accélérées, propulsées par les moyens modernes de communication : la multiplication des chaînes d'information diffusées en tout point du globe, le développement de la presse numérique, les réseaux sociaux. L'effet de mimétisme et de contagion en est très puissant. L'islamisme est englobant, permet une explication simple du monde et répond aux interrogations sur ce que doit être une organisation sociale et le comportement individuel de chacun des croyants. D'essence totalitaire, il s'impose par la force et la simplicité de ses principes, la rapidité et l'omniprésence de sa propagande, à des millions de musulmans à travers le monde. S'appuyant sur les difficultés des sociétés post-coloniales, l'échec de l'intégration et la perte d'attractivité du modèle occidental, ils offrent la douce chaleur de l'*Oumma*, la communauté religieuse, elle-même caricaturée en communauté opprimée. Et c'est là l'un des points forts de leur discours : afin de souligner le rejet nécessaire de l'Occident en général, et des valeurs européennes en particulier, les islamistes jouent du sentiment de persécution.

L'islamisme n'est pas l'islam

En France, la prétendue islamophobie de l'État – et plus généralement des sociétés occidentales – est méthodiquement dénoncée, quitte à travestir largement la réalité. Tout acte ou parole contre l'islam est souligné, parfois amplifié en omettant consciencieusement d'évoquer les réponses des pouvoirs publics aux enjeux des discriminations à l'endroit des musulmans ou plus généralement des personnes perçues comme d'origine étrangère. L'idée générale d'une haine institutionnalisée des musulmans percole dans l'opinion des croyants. Le conflit israélo-palestinien ou la persécution des musulmans ouïgours en Chine sont instrumentalisés et assimilés aux répressions imaginaires que l'*Oumma* subirait dans notre pays. Poussé à son terme, le raisonnement aboutit à une seule conclusion : les musulmans français doivent par conséquent prendre conscience de ces injustices, se montrer plus solidaires et se défendre.

Réagissant au contact du monde occidental, deux approches islamistes se sont développées. La première, dite « frériste », est celle des Frères musulmans, née dans l'Égypte des années 1920 sous l'influence de Hassan al-Bannâ. C'est un

Le séparatisme islamiste

« islam politique », dont le but était de réislamiser les peuples tentés par l'occidentalisation, en imposant des normes de comportement présentées comme obligatoires. L'idéologie frériste est une redynamisation de la pensée islamique destinée à contrer la modernité occidentale dominatrice par une reformulation de cette modernité selon l'islam. Cette vision a été exportée en Occident par des « entrepreneurs d'islamisme » qui se sont fixé comme objectif de maintenir les communautés immigrées dans une fidélité culturelle et religieuse à un islam rigoriste. Il convient, selon les Frères, de se séparer, par son mode de vie, du reste de la société et d'imposer à cette dernière des normes religieuses qui doivent s'appliquer au champ social, quitte à pratiquer l'entrisme ou la concession tactique. La seconde est celle des salafistes qui souhaitent pour leur part revenir à la tradition des « pieux ancêtres » et imposent de ce fait une séparation totale avec la société. D'inspiration millénariste, les salafistes exigent des croyants une religion puritaine, conduisant ainsi, dans les endroits où ils sont minoritaires, à une attitude de repli sur soi, de rejet des institutions comme de la société dans laquelle ils vivent.

Dans tous les cas, l'islamisme apparaît ainsi comme une idéologie antimoderne et antioccidentale. Ses tenants soutiennent que toute souveraineté vient de Dieu et que l'homme ne vaut que par son appartenance à la communauté, à l'*Oumma*. Toute altérité est rejetée.

Les dirigeants islamistes refusent catégoriquement la séparation du religieux et du politique, voyant même dans la laïcité le moyen occidental de combattre la religion. Ils poursuivent de leur vindicte les identités nationales, le pluralisme et les concepts faisant des hommes des individus citoyens riches de leur libre arbitre. Cette idéologie s'est propagée par le biais de l'exportation du salafisme saoudien, le wahhabisme, mais aussi par l'activisme, frériste, de l'UOIF dès les années 1980. Elle a aussi pu compter, à partir des années 1970, sur un mouvement missionnaire, le Tabligh. Aujourd'hui, nous sommes réduits à faire le constat de son omniprésence culturelle.

La diffusion en continu de l'idéologie islamiste ne laisse plus d'alternative aux jeunes générations et à ceux qui recherchent des informations sur leur religion. Hakim El Karoui a montré combien ce monopole des mots et des concepts islamistes était autant une réalité qu'un danger[1] et parmi les premiers a déploré l'absence de discours religieux alternatif, faisant la part de ce qui relève des textes et de ce qui relève de l'expérience contemporaine.

La dimension soldatesque de ces idéologues ne fait pas de doute. Partisans du fait social total, ils ont quelque peu délaissé les emprises dans les lieux de culte, sans totalement les abandonner,

---

1. « L'islamisme, qu'il soit politique ou purement théologique, utilise massivement Internet et les réseaux sociaux pour diffuser son idéologie et mobiliser ses sympathisants. Sur Internet, les islamistes, et plus particulièrement les salafistes, se placent en situation de quasi-monopole pour toutes les questions relatives à la foi musulmane. Les oulémas saoudiens comptent parmi les intellectuels les plus influents du monde avec une caractéristique spécifique : ce ne sont pas des individus isolés mais bien cinq ou six personnalités, inconnues en Occident, qui rayonnent sur Twitter et Facebook et sont suivies par plusieurs millions voire dizaines de millions de personnes. Parmi les influenceurs musulmans, ce sont eux et de loin qui ont le plus d'impact, loin devant les principales figures religieuses des Frères musulmans. Très loin aussi devant ceux qui sont aujourd'hui les représentants d'un islam européen modéré. » Hakim El Karoui, « La fabrique de l'islamisme », rapport de l'Institut Montaigne, septembre 2018, p. 70-71.

pour agrandir le cercle de leurs actions et de leur présence. Leur technique est simple : se rendre indispensables par l'intermédiaire de la vie sociale, de la solidarité, des coups de pouce et des aides essentielles. Lieux caritatifs, distribution de repas, écoles ou soutien scolaire, actions associatives en tout genre, les repères (et les discours) islamistes s'imposent à tous. Plus aucun n'est neutre, tout est religieux, tout est répété. Le sociologue Bernard Rougier essaie depuis longtemps de déconstruire cette stratégie : « Les islamistes, inscrits dans des logiques militantes depuis des années, tentent de multiplier les points d'ancrage dans tous les lieux de sociabilité : aucun ne doit leur échapper. Salle et terrain de sport, mosquée, restaurant, librairie, école... Dans ces lieux, on fait circuler des préconisations religieuses (vestimentaires, alimentaires) aux musulmans pour leur faire honte en mobilisant le sacré. Le but est d'homogénéiser les comportements en utilisant les catégories du haram et du halal partout[1]. »

---

1. Hadrien Mathoux, « Bernard Rougier : "L'islamisme est une machine à détruire la France" », *Marianne*, 14 janvier 2020.

Le séparatisme islamiste

Les erreurs de la politique dite « de la ville », l'urbanisme et la politique de « peuplement », c'est-à-dire de l'affectation de logements sociaux, et le flux d'immigration arrivant toujours dans les mêmes villes et les mêmes quartiers, ont fait que l'État a organisé, sans le vouloir, un humus favorable au développement des thèses islamistes. Jouant sur l'absence de politique d'intégration forte et la faiblesse de l'école républicaine confrontée aux multiples difficultés sociales des enfants et de leurs parents, intervenant socialement par le biais d'associations souvent financées naïvement ou de manière clientéliste, se parant des vertus de la solidarité et de l'humanité, les islamistes ont pris le pouvoir et imposent dans les territoires conquis de l'islamisme leurs normes. On peut désormais vivre quasiment 100 % halal dans certains endroits de notre pays et, de la naissance à la mort, lire, se vêtir, consommer, être éduqué, se marier, être soigné selon les normes imposées par les islamistes. Les territoires conquis de l'islamisme c'est, pour citer le même Bernard Rougier, « l'histoire d'une prise de contrôle où les entrepreneurs religieux ont exploité en France et en Europe les

L'islamisme n'est pas l'islam

effets de la crise socioéconomique pour imposer leur conception de l'islam et prétendre parler au nom de tous les musulmans. C'est ainsi que des réseaux militants ont transformé les "ghettos urbains" des grandes conurbations françaises en enclaves militantes à tonalité islamiste[1] ».

Pas simplement communautaire, l'islamisme se fait militant et radical là où il se sent chez lui, sans la République et ses valeurs pour limiter son influence. Ainsi, quelques années après avoir souligné dans un précédent ouvrage, consacré à la Seine-Saint-Denis, « l'ubiquité des enseignes halal, la prégnance du port du voile, la généralisation du ramadan[2] », marqueurs de la présence importante d'une population de confession musulmane, Gilles Kepel souligne avec stupeur, dès 2014, dans l'introduction de *Passion française*, que « la présence du salafisme – favorisée par l'accoutrement spécifique des adeptes – est un symptôme nouveau et fulgurant. Elle exprime une rupture en valeurs avec la société française,

---

1. Bernard Rougier (dir.), *Les Territoires conquis de l'islamisme*, Presses universitaires de France, 2019.
2. Gilles Kepel, *Quatre-vingt-treize*, Gallimard, 2012.

Le séparatisme islamiste

une volonté de la subvertir moralement et juridiquement, qu'il serait illusoire de se dissimuler et qui pose des questions essentielles[1] ».

Cet entrisme dans la vie sociale a souvent des répercussions dans la vie institutionnelle locale. Les élections municipales ont montré la porosité de certains élus locaux, quelle que soit leur appartenance politique, aux revendications islamistes et les dernières élections ont particulièrement mis en lumière ce phénomène. Sans jamais, évidemment, afficher la couleur – la *taqiyya* démocratique fonctionnant –, les thèses islamistes ou au moins celles de l'acceptation des « arrangements » ont progressé. Évoquant « sa fuite, pas son déménagement » d'une commune de l'ex-banlieue rouge, Didier Daeninckx raconte dans un petit ouvrage, à propos des dernières municipales, que « le projet de sécession est déjà intégré aux listes ordinaires présentées par les partis en odeur de sainteté[2] ». Constatant la prise de pouvoir islamiste, l'écrivain,

---

1. Gilles Kepel, *Passion française. Les voix des cités*, Gallimard, 2014.
2. Didier Daeninckx, *Municipales. Banlieue naufragée*, Gallimard, coll. « Tracts », février 2020.

L'islamisme n'est pas l'islam

fils d'un ancien militant communiste, constate que « dans ces vastes espaces prolétaires que géraient les organisations liées à la puissance révolutionnaire, le Parti n'est même plus l'ombre de son ombre » et que les solidarités politiques sont remplacées par les solidarités religieuses qui reprennent le principe de l'hyperprésence du Parti, du berceau à la tombe, comme le disent les Anglais. Le champ lexical, emprunté à la famille (« frères », « sœurs »), les valeurs de solidarité traduisent les nouvelles interventions parapubliques ; « para » parce que souvent subventionnées ou hébergées par les pouvoirs publics locaux et, parfois, nationaux. Ces services publics sont menacés, rompant avec le principe de neutralité.

Indépendamment des prescriptions issues de leur lecture littérale des textes sacrés musulmans, les islamistes tentent aussi d'imposer des normes de comportement inscrites nulle part ailleurs que dans le vade-mecum de leur pensée idéologisée. Ainsi en est-il de la tentative d'imposer le port d'un vêtement intégral aux femmes. L'ancien recteur de la Mosquée de Paris, Dalil Boubakeur, peut bien s'époumoner

Le séparatisme islamiste

à préciser que cela n'est inscrit nulle part dans le Coran et que le recteur de l'université d'Al-Azhar en Égypte lui-même l'a interdit, la ritournelle salafiste insiste, à travers le monde, pour distinguer les femmes vertueuses porteuses d'un tel vêtement des femmes qui ne le sont pas[1].

Petit à petit, la contagion islamiste gangrène nos quartiers sous la férule d'élus tantôt résistants tantôt collaborateurs.

---

1. « Un des plus grands traditionalistes de l'islam, Mohammed El Boukhari, cite le témoignage de la propre épouse du Prophète, Aïcha, la plus érudite des croyantes de son temps, qui précisa sans équivoque (Sahih, chapitre XXIII) qu'au cours du Pèlerinage elle ne se couvrait "ni la partie inférieure ni la partie supérieure du visage" durant le rite sacré. Ainsi, le rite du pèlerinage (*ihram*) ne s'opère-t-il qu'à visage découvert jusqu'à nos jours. Récemment, le 3 octobre 2009, le très savant cheik Al Tantawi, recteur de l'université d'Al-Azhar en Égypte, a interdit le port de la burqa ou niqab aux enseignantes et étudiantes dans les écoles relevant de son université, disant que cette tenue vestimentaire n'est qu'une simple coutume et non un acte de dévotion. Il est donc clair que ce vêtement, limité dans son espace géographique et historique, est à tort érigé aujourd'hui comme une tradition de l'islam. » Audition de Dalil Boubakeur devant la Mission d'information sur la pratique du port du voile intégral sur le territoire national, Assemblée nationale, mercredi 28 octobre 2009.

Chapitre 5

LUTTER CONTRE LE SÉPARATISME ISLAMISTE

L'islamisme est un cheval de Troie renfermant la bombe à fragmentation de notre société. Il a gangréné tous les pays dans lesquels il a pu prendre une once de pouvoir : en Iran, en Afghanistan, au Soudan, au Yémen, en Algérie, en Syrie ou en Irak, il a laissé derrière lui de la violence, du sang et des morts. Il est là aujourd'hui, en Europe. En France.

Face à un ennemi si dangereux et si insidieux, dont on sait qu'il est bien loin de la religion du Prophète, il est normal que les pouvoirs publics prennent des mesures sans précédent.

Le séparatisme islamiste

Ces mesures reviennent à suivre *ad litteram* les principes de la République et à conforter leur respect par chacun de ceux qui vivent en son sein.

Le respect de nos valeurs, principes et lois – et de la laïcité en tout premier lieu – est au cœur du contrat politique qui fonde la nation démocratique. Parce qu'elle est définie en termes politiques, la communauté nationale est un groupe ouvert : la France accueille, la France intègre. Mais elle intègre des individus, des personnes en tant que telles, qui deviennent, lorsqu'ils obtiennent la nationalité française ou lorsqu'ils naissent en France, des citoyens. La France ne pose pas de contrat social avec des communautés ; elle ne s'engage nullement à les respecter dans leurs lois et leurs principes spécifiques. Notre pays combat le regroupement de l'entre-soi pour permettre à chacun, dépouillé de son déterminisme et placé dans un même état de droits et devoirs, de se réaliser comme citoyen de la Nation.

Ce souci constant et ferme d'une communauté nationale unique permet aux individus de se

Lutter contre le séparatisme islamiste

transcender eux-mêmes. Il permet le plein exercice des libertés : liberté de conscience, liberté de culte, liberté d'association. Chaque habitant de France peut ainsi penser et vivre comme il le souhaite, y compris lorsque ses convictions ou ses pratiques, qu'elles soient religieuses, philosophiques, politiques ou syndicales, sont minoritaires. Cependant, l'affirmation d'une différence ne saurait en aucun cas constituer une raison pour se soustraire aux lois communes ou pour revendiquer l'application de lois particulières. En effet, la construction d'une Nation suppose que soit admis par ses membres un système de normes partagées. La Nation repose ainsi sur un *consensus*, ainsi que le rappelle Dominique Schnapper, présidente du Conseil des sages de la laïcité : « Le consensus signifie que les citoyens acceptent les règles explicites et implicites qui permettent de résoudre, au moins provisoirement, leurs conflits de manière non violente, par la discussion, le compromis et la référence, acceptée par tous, à un intérêt général, proclamé et accepté comme tel, qui ne se confond pas avec celui des individus ou des

Le séparatisme islamiste

groupes particuliers[1]. » Sans règles communes et sans bien commun, point de salut.

Or plus la Nation est diverse, plus les principes de vie en commun doivent être réaffirmés. C'est parce qu'elle est travaillée par davantage de revendications et de différences que la France doit consolider son consensus républicain.

Aujourd'hui, le risque est grand pour le pays de diluer son âme et sa cohésion. Il est grand pour les musulmans de France de se voir happés par une idéologie qui risque de les enfermer dans un particularisme étouffant et mortifère. Comme le souligne Bernard Rougier, le but des islamistes est de reconstituer, à partir d'une population très hétérogène de fidèles musulmans, une communauté englobante et uniforme : « Les musulmans sont nourris dans leurs représentations par ce qu'ils ont appris dans un écosystème très homogène : à Mantes-la-Jolie, à Aubervilliers, à Toulouse, dans le Val-de-Marne et ailleurs, on retrouve les mêmes

---

1. Dominique Schnapper, *La Communauté des citoyens. Sur l'idée moderne de Nation*, Gallimard, 1994, p. 101-102.

mécanismes et on assiste à la même superposition des espaces. Quand un individu vit l'espace résidentiel, l'espace religieux, l'espace amical, l'espace sportif, l'espace du loisir, l'espace du café comme étant des lieux où la norme circule de l'un à l'autre, il ne peut plus en sortir[1]. » Le risque est grand aussi de voir le corps social se durcir dans une réaction de rejet et de stigmatisation des musulmans dans leur ensemble. Cette position est déjà celle des groupes extrémistes appartenant à l'ultra droite. La tentation pourrait gagner un public plus large déstabilisé par les effets socioéconomiques de la mondialisation, travaillé depuis des années par l'idéologie anti-immigration et déçu par la faiblesse des réponses apportées par les gouvernements successifs.

Il faut donc agir sur deux jambes : d'une part, casser l'imposition des références et des normes islamistes dans l'espace public ; d'autre part, réinventer une promesse de République fraternelle.

---

1. Bernard Rougier, entrevue à *Marianne*, art. cité.

Le séparatisme islamiste

Le projet de loi présenté en Conseil des ministres constitue une pierre importante de cette stratégie d'ensemble.

Ce projet de loi place en son cœur le principe de laïcité, garant pour chacun de la libre expression de ses convictions dans le respect de l'ordre public. Il donne notamment aux pouvoirs publics les moyens de le faire respecter dans la mise en œuvre des contrats passés avec des entreprises privées pour l'exécution d'une mission de service public. La neutralité des agents du service public est en effet une condition *sine qua non* pour l'application de la laïcité. Afin que chaque usager puisse être traité avec impartialité, nulle expression religieuse, nulle attitude prosélyte ne doit être tolérée. Dans les services publics de plus en plus gérés par délégation, cette règle demeurait largement ineffective. Par accommodement, par renoncement, par facilité, des pratiques communautaires ont pu prospérer, au détriment des droits des usagers et des agents eux-mêmes : un rapport parlementaire[1]

---

1. Éric Diard et Éric Poulliat, « Rapport d'information déposé en application de l'article 145 du règlement, par la commission des lois constitutionnelles, de la législation et de

a illustré ces phénomènes, notamment dans le secteur des transports publics, au sein des sociétés privées de sécurité ainsi que dans le monde socioculturel et sportif. Salariés qui prient sur leur lieu de travail, qui obtiennent des menus communautaires, qui refusent de travailler avec des femmes : on ne compte plus les incursions islamistes chez certains cocontractants de l'État ou des collectivités locales.

Les atteintes à la laïcité ne concernent pas seulement les prestataires du service public. Elles sont aussi parfois le fait, par l'effet de pressions ou de politiques cyniquement clientélistes, des donneurs d'ordre publics eux-mêmes. Les mécanismes de communautarisation et d'entrisme ouvrant la voie à la constitution d'*écosystèmes islamistes* échappant à tout contrôle citoyen. Aux dernières élections municipales, dans deux villes au moins de l'agglomération parisienne, le pouvoir a été près de basculer aux mains de listes communautaires. Par conséquent, le projet

---

l'administration générale de la République, en conclusion des travaux d'une mission d'information sur les services publics face à la radicalisation », n° 2082, déposé le jeudi 27 juin 2019.

Le séparatisme islamiste

de loi propose la mise en place d'un mécanisme de « carence républicaine » qui permettra au préfet, par le biais d'un « déféré-laïcité », de reprendre la main, sous le contrôle du juge, sur des décisions d'un exécutif local manifestement contraires au principe de laïcité (par exemple, retirer, dans une bibliothèque, tous les livres des adeptes de la théorie de l'évolution, ou permettre aux femmes le port du burkini pour aller se baigner dans une piscine municipale).

Mais faire vivre la laïcité passe surtout par la garantie qu'elle soit effectivement appliquée sur le terrain, par les agents publics qui en sont chargés. Ces agents doivent pouvoir exercer leur mission en toute sérénité et en toute sécurité. Le texte institue dans cette perspective un nouveau délit de « pression séparatiste », qui vient réprimer les menaces ou les violences exercées à l'encontre des agents publics, dans le but d'obtenir un traitement différencié. Typiquement, le fait de se livrer à des manœuvres d'intimidation, dans un hôpital, pour obtenir d'être soigné par tel ou tel médecin (notamment selon son sexe) pourra être puni de cinq ans d'emprisonnement et de 75 000 euros d'amende, avec une possibilité de peine complémentaire d'interdiction du territoire pour les auteurs de cette infraction qui seraient étrangers. Cette mesure forte est destinée à préserver, dans nos espaces de vie, des lieux neutres où les seuls référentiels qui ont cours sont ceux de la commune citoyenneté.

Voici pour la laïcité, dont on a vu précédemment qu'elle se confondait avec l'affirmation de la République. Cependant, affirmer ne suffit pas toujours : il faut parfois entraver. Parce qu'il s'agit bel et bien d'enrayer la constitution de ces « écosystèmes séparatistes », le projet de loi couvre les deux vecteurs majeurs de diffusion de l'idéologie islamiste : les associations et Internet.

L'actualité récente nous l'a rappelé : la haine en ligne prospère sur des réseaux sociaux qui jouent le rôle d'accélérateurs de particules. On l'a vu plus haut : dans l'« islamosphère », ce sont les courants les plus radicaux qui saturent la bande passante. Il était donc urgent d'agir en complétant l'arsenal législatif, pour lutter contre ce que l'on appelle les « sites miroirs » (qui peuvent aujourd'hui permettre de contourner des mesures de blocage) et pour accélérer la réponse pénale applicable aux délits de provocation ou d'apologie d'infractions graves, par exemple le cyberharcèlement. Au-delà du projet de loi, co-rédigé sur ce point avec la garde des Sceaux, d'importantes discussions ont lieu entre États membres de l'Union européenne sur un cadre juridique communautaire relatif à la haine en ligne, grâce à la mise en place d'une modération de contenus sur les plateformes et des mesures transfrontalières de blocage des contenus à caractère terroriste. Afin de pouvoir avancer encore plus loin sur ce sujet, il sera indispensable que les plateformes elles-mêmes se responsabilisent et prennent leur part – y compris si cela implique des efforts financiers et des manques à gagner – pour réguler un espace virtuel qui catalyse, trop souvent, la montée des extrêmes.

Revenons au matériel, au concret. Au fil des ans, les « entrepreneurs » communautaires islamistes sont parvenus à développer un réseau d'officines saturant le champ économique, culturel et social par le biais du monde associatif. La recherche d'influence peut s'effectuer depuis les lieux de culte islamisés – qui sortent parfois de leur fonction strictement religieuse grâce à leur influence sur les fidèles –, mais elle passe, avec une nette accélération depuis la première décennie des années 2000, par les associations communautaires de tous ordres : clubs sportifs, œuvres de charité, ligues de défense, mouvements politiques. Les plus emblématiques de ces structures sont nées il y a moins de vingt ans : le Collectif contre l'islamophobie en France (CCIF) a vu le jour en 2003, le Parti des indigènes de la République en 2005, Barakacity en 2008, la même année que la Coordination contre le racisme et l'islamophobie. Ces officines entretiennent des liens étroits. Elles s'appuient sur des relais et des soutiens, qu'il s'agisse de militants « antiracistes », d'activistes décoloniaux, de franges de l'extrême gauche voire d'institutions étrangères. Leur thématique d'action principale demeure la mobilisation autour du thème de l'islamophobie, selon le principe de l'oppression fantasmée.

La déconstruction du discours victimaire et du climat malsain de suspicion qu'il fait naître, ainsi que l'entrave aux discours de haine qui trop souvent en découlent, sont des combats de longue haleine. Ils ont actuellement lieu, par l'action des Cellules départementales de lutte contre la radicalisation et le repli communautaire, actives depuis 2019, par la réappropriation aussi d'un champ social et éducatif trop souvent délaissé par les services publics. Tout récemment, plusieurs de ces officines islamistes ont été dissoutes, notamment le CCIF et Barakacity. Dans le même temps, les lieux de culte séparatistes – une minorité parmi les 2 600 mosquées du pays – font l'objet de contrôles renforcés et, lorsque cela s'impose, de mesures de fermeture, le temps que la structure gestionnaire assainisse son fonctionnement.

Mais il faut aller plus loin. Plusieurs dispositions très importantes relatives au droit des associations sont donc soumises à l'examen du Parlement, après avoir été soupesées par le Conseil d'État. La première d'entre elles consiste à conditionner les financements publics à la signature, par la structure bénéficiaire, d'un contrat d'engagement républicain porté par Marlène Schiappa. Ainsi, ne pourront plus être subventionnés par l'argent du contribuable les organismes qui ne respecteraient pas les valeurs de liberté, d'égalité, de fraternité et de dignité de la personne humaine, ou qui contreviendraient à l'ordre public : il en sera fini du soutien public à des associations telles que ce club de jiu-jitsu brésilien de la région parisienne qui prônait un antisémitisme virulent et organisait, en sus des exercices physiques, des sessions d'endoctrinement. Par ailleurs, les activités illicites conduites par des associations pourront être davantage sanctionnées, grâce à un contrôle renforcé des avantages fiscaux et à un nouveau mécanisme de suspension d'activité dès lors que seront caractérisées des incitations à la haine, à la violence ou à la discrimination.

Plus avant, le projet de loi concentre également son effort sur la protection de la dignité humaine : respect de l'égalité homme-femme, lutte contre la polygamie, contre les mariages forcés et contre certaines pratiques dégradantes, comme les certificats de virginité.

Autre point fondamental de la lutte contre le séparatisme islamiste et du projet de loi : les questions éducatives. Lors de son discours des Mureaux, le président de la République a fait le choix audacieux de mieux encadrer la scolarisation à domicile. D'autres pays européens s'étaient avant nous engagés dans cette même voie, comme l'Allemagne tout de suite après 1945. Dans le même ordre d'idées, en lien avec le ministre de l'Éducation, le Code de l'éducation sera complété de dispositions permettant un meilleur encadrement des établissements hors contrat et une plus effective interdiction des « écoles » clandestines. Pourquoi cette mobilisation sur le champ éducatif ? Dans son dernier ouvrage, Jean-Pierre Obin, spécialiste reconnu de la laïcité à l'école, estime qu'il s'agit là d'un combat stratégique, pour trois raisons principales : « La première est qu'il s'agit de combattre une idéologie, et l'école est l'institution par laquelle une nation démocratique transmet les idéaux et les valeurs forgés par son histoire. La seconde est que le combat contre l'islamisme est une entreprise de longue durée et l'école est le lieu où se prépare l'avenir. [...] Une troisième raison est que les jihadistes français [...] ont déjà pris ce virage stratégique. [...]

"Priorité à l'éducation", disent-ils en substance, mais toujours au service de la même fin : détruire notre société de liberté et abattre notre système politique démocratique[1]. »

Les chiffres confirment cette analyse : en à peine un an, entre la rentrée 2019 et la rentrée 2020, les enfants sortis du système scolaire sont passés de 50 000 à 65 000. La prolifération des écoles islamistes est une réalité qui remonte de tout le pays. Elles reçoivent leur public dans des conditions sanitaires indignes et enferment, dès leur plus jeune âge, les enfants dans une matrice idéologique qui est tout le contraire de l'esprit critique que cherchent à insuffler, en chacun de leurs élèves, les écoles républicaines, publiques ou privées sous contrat. Dans une structure d'accueil de Seine-Saint-Denis, fermée en urgence au cours du dernier trimestre 2020, ce sont plus d'une vingtaine d'enfants que les services de la préfecture et de l'Éducation ont découverts dans une pièce minuscule et sans aucune fenêtre ; des

---

1. Jean-Pierre Obin, *Comment on a laissé l'islamisme pénétrer l'école*, Hermann, 2020, p. 145-146.

Le séparatisme islamiste

petites filles de 4 ans y étaient voilées de la tête aux pieds, et compulsaient sous l'autorité de personnels, sans aucune formation, des ouvrages où, comme dans toute publication salafiste, les personnages dessinés n'ont pas de visage. Il est de la responsabilité de chacun de réintégrer à la communauté nationale ceux qui sont aujourd'hui, par le fait d'islamistes, les petits fantômes de la République.

Enfin, le texte porte un renforcement sans précédent de la loi de 1905. Ce renforcement est indispensable. Il est utile de rappeler que, depuis son adoption, la loi de 1905 a été modifiée plus d'une vingtaine de fois : elle a toujours survécu, et ce d'autant plus aisément que les principes fondamentaux qu'elle pose ont pour une grande partie été intégrés au bloc de constitutionnalité. Si l'on considère le « temps long », l'histoire des rapports entre les cultes et l'État a toujours évolué au fil des mutations sociologiques, économiques ou intellectuelles connues par notre pays. Tous les siècles en moyenne, les cartes sont rebattues. Nous sommes simplement à un autre de ces moments charnières. Depuis

Lutter contre le séparatisme islamiste

un siècle, le paysage religieux a profondément évolué : tirons-en les conclusions !

Ces conclusions sont simples : conforter les supports institutionnels de l'exercice du culte, ceux-là même qui ont permis l'épanouissement du pluralisme. La loi de 1905 avait posé un équilibre fondamental : au vu de l'importance intrinsèque revêtue par le libre exercice du culte, une forme particulière de structure, l'association cultuelle, avait été imaginée en dérogation au droit commun. Elle combinait des contraintes (spécialité de l'objet, conditions de création, police du culte...) à des avantages spécifiques (grande capacité juridique, exonérations fiscales...). Deux facteurs sont venus perturber cet équilibre : d'une part, le droit associatif s'est brouillé en même temps qu'il se développait, faisant perdre de l'attractivité aux associations spécifiquement cultuelles ; d'autre part, les musulmans tout comme les évangéliques, parce que c'était plus simple d'accès, n'ont quasiment pas fait usage du droit de 1905. Aujourd'hui, 92 % des lieux de culte musulmans sont gérés sous la forme d'associations loi 1901. Ce faisant, l'islam de France a fragilisé son fonctionnement quotidien. C'est cela que le projet de loi se propose de corriger : rétablir la balance et permettre à tous les cultes en général, et au culte musulman en particulier, de bénéficier pleinement des droits et garanties que notre République prévoit pour faire vivre la liberté religieuse *in concreto*.

Aussi le texte a-t-il pour ambition de donner les moyens aux cultes de développer leurs financements et d'offrir aux musulmans le même accès normé aux contributions des fidèles que dans les autres religions établies. Ceux qui, aux lisières de la droite extrême, refusent cette évidence d'égalité devraient se souvenir des mots du président Nicolas Sarkozy : « Je suis convaincu qu'il n'y a pas de péril plus grand pour notre société que de laisser croire à une partie de ses membres qu'elle est étrangère puisque les droits qui sont accordés aux autres lui sont refusés. [...] Ils sont neufs dans la République, à la différence des autres religions dont l'implantation est ancienne[1]. »

---

1. Nicolas Sarkozy, *La République, les religions, l'espérance*, Éditions du Cerf, 2004.

Lutter contre le séparatisme islamiste

De surcroît, les dons des fidèles se faisant plus rares aujourd'hui qu'ils ne l'étaient hier, le texte propose d'ouvrir aux associations cultuelles le bénéfice d'immeubles de rapport dont elles étaient jusqu'ici exclues.

En contrepartie, le projet de loi actualise et stabilise le fonctionnement des associations cultuelles. Il en met à jour les conditions de constitution et le régime de déclaration. En outre, il introduit dans le fonctionnement de ces structures une clause anti-putsch, permettant de les préserver de prises de contrôle intempestives, hélas fréquentes en régime 1901 et utilisées par les islamistes pour prendre le pouvoir dans les mosquées. Il rénove également la transparence comptable, de manière, d'une part, à sincériser les comptes et, d'autre part, à identifier les sources de financement d'origine étrangère que nous ne connaissons pas aujourd'hui. En étendant ces mêmes obligations aux associations loi 1901 qui continueraient de mener des activités cultuelles, mais sans en étendre les avantages, le projet de loi vise à les faire basculer vers la loi de 1905, qui est faite pour elles.

Le séparatisme islamiste

Ces deux catégories de mesures – avantages et obligations – cherchent à mieux structurer et à aider les cultes à mobiliser des capacités de financement qui correspondent à la réalité des fidèles d'aujourd'hui. Elles permettront aussi de limiter les ingérences étrangères, très importantes dans l'islam de France. Elles auront également pour effet, au travers des dispositions de police du culte, de préserver les structures musulmanes de l'influence des islamistes. En un mot, ce renforcement de 1905 prend les cultes au sérieux.

Cette évolution normative s'accompagne d'autres travaux qui ne sont pas du domaine de la loi. L'islam de France doit parvenir à un degré de structuration qui lui permette de s'autonomiser des ingérences étrangères. C'est dans cet esprit que le président de la République a mis fin, pour 2024, au système des imams détachés – c'est-à-dire de ministres du culte à statut de fonctionnaires – que le Maroc, l'Algérie et la Turquie envoient chaque année en France.

Par effet collatéral, cette décision obligera les instances musulmanes à se pencher sur la question de la sélection des cadres religieux, afin que les imams puissent bénéficier d'une formation qui non seulement leur confère un statut académique et professionnel reconnu, mais qui soit adaptée aux réalités de la société française. Des initiatives prometteuses existent déjà, construites autour de partenariats entre l'Université – pilier historico-critique – et des mosquées – approche confessante.

Cette démarche, qui participe de l'édification d'un islam contemporain, est une chance pour nous tous, et pour les croyants en particulier.

CONCLUSION

Réimposer la laïcité, c'est un noble combat républicain. Réaffirmer ce qui fait la Nation française dans ses profondeurs, une communauté unique d'individus citoyens obéissant aux mêmes lois, c'est être fidèle au génie français. Combattre sans relâche les ennemis de l'intérieur sans jamais confondre l'idéologie avec la religion, c'est vivre conformément aux valeurs de la République.

L'islamisme est un séparatisme. Le plus dangereux d'entre tous car il est organisé, efficace, tenace. Les Français attendent que les gouvernants se saisissent avec vigueur de ce danger. Sans naïveté, sans faiblesse, sans fausses pudeurs. Mais ils attendent aussi qu'ils le fassent avec la détermination calme propre aux grandes actions. Sans démagogie, sans repli sur soi, sans anathème.

Le séparatisme islamiste

Il faut refuser cette facilité qui pousse ceux qui n'ont rien fait hier à demander, avec la foi des convertis, des décisions toujours plus dures. Ces résistants de la dernière heure épousent même désormais l'essentialisme et, parfois, le racialisme, déclarant l'incompatibilité entre une religion et la France. Concluant naturellement à l'expulsion des musulmans français, sans doute vers une hypothétique « Musulmanie », ils nient la nationalité, la citoyenneté, l'histoire de France. Ils sont les idiots utiles des islamistes.

À l'opposé, il y a ceux qui ne voient pas le problème. Ils dénoncent des fantasmes, réfutent en bloc l'identité de notre pays. À l'intersection des luttes, ils dénoncent sans cesse une prétendue xénophobie d'État. Ils mêlent leurs voix et leur protestation aux cris et aux actes de ceux qui attaquent la France. Ils sont les complices des islamistes.

Entre ces deux extrêmes, il y a les partisans de la République. Aujourd'hui, cette dernière reprend des couleurs avec la réaffirmation de l'autorité et de la laïcité. Elle doit aussi continuer à renforcer sa politique d'intégration,

Conclusion

cette si belle promesse d'avenir, son école et lutter contre toutes les discriminations. Une République sociale qui doit se refonder autour de la réussite et du mérite : voilà le programme républicain déjà entrepris depuis de longs mois, dont nous devons continuer à creuser le sillon malgré les crises.

À ceux qui refusent de voir que la République doit tendre la main, regarder son passé en face, que le peuple français n'est ni une race ni une religion ; à ceux qui disent de plus en plus ouvertement que la solution est dans le repli identitaire, lisons les derniers mots de l'essai du philosophe Youssef Seddik, intitulé *Le Grand Malentendu* : « Et comment un Occidental grognard à l'endroit des gens d'islam perçoit-il l'information que voici : c'est bien un musulman, un Turco-Égyptien, qui a commandé à Courbet... *L'Origine du monde*[1] ! »

---

1. Youssef Seddik, *Le Grand Malentendu. L'Occident face au Coran*, L'Aube, 2010.

REMERCIEMENTS

Merci à toutes celles et ceux qui, relisant ces quelques lignes, aidèrent à rendre cet opuscule accessible au plus grand nombre.

Merci particulièrement à Louis-Xavier Thirode, mon ami, pour ses conseils avisés et sa contribution essentielle dans mon acculturation aux questions touchant à l'islam politique.

TABLE DES MATIÈRES

Introduction 7

Chapitre 1. Le long et continu combat de l'État pour imposer le gallicanisme .. 19

Chapitre 2. La laïcité : un principe éminemment français 31

Chapitre 3. L'islam, religion nouvelle, mais vieille connaissance française 39

Chapitre 4. L'islamisme n'est pas l'islam 51

Chapitre 5. Lutter contre le séparatisme islamiste 65

Conclusion 87
Remerciements 91

Composition et mise en pages
Nord Compo à Villeneuve-d'Ascq

Achevé d'imprimer en janvier 2021
sur les presses de Normandie Roto Impression s.a.s.
61250 Lonrai
N° d'impression : 2005278

Imprimé en France